MARTINA KITTLER

PIZZA & PINSA

Knusprig frisch aus dem Ofen

FOTOGRAFIE: JULIA HOERSCH | COCO LANG

INHALT

Öffnen Sie die Klappen dieses Buches.
Dort finden Sie die wichtigsten Infos zum Thema auf einen Blick!

DAS PRINZIP:
PIZZA & PINSA

DIE PERFEKTE
KOMBI

Immer griffbereit:

SO GEHT'S:
PINSA SELBER
MACHEN

Immer griffbereit:

SO GEHT'S:
PROFI-TIPPS

Mit diesem Symbol sind alle vegetarischen Gerichte gekennzeichnet.

Die Backzeiten können je nach Herd variieren. Unsere Temperaturangaben beziehen sich auf das Backen im Elektroherd mit Ober- und Unterhitze.

REZEPTKAPITEL

06 KLASSISCH

26 KREATIV

50 HANDLICH

04 DIE AUTORIN
05 DIE SCHÄRFSTE PIZZA DER WELT
16 COVERREZEPT
60 REGISTER, ABKÜRZUNGSVERZEICHNIS
62 IMPRESSUM, LESERSERVICE, GARANTIE

MARTINA KITTLER

Feuer und Flamme für Pizza und Pinsa? Also, ran an den Hefeteig und nach Lust und Laune belegen! Ob klassisch mit Tomaten und Salami, frischem Gemüse auf cremiger Basis oder vegan mit Hummus und gerösteten Auberginen – alle lieben die knusprigen Fladen mit italienischem Touch.

Warum ist Pizza so beliebt?

Ein krosser Boden, eine aromatische Sauce und obendrauf köstlicher Käse – mehr braucht es nicht für die heiß geliebten Ofen-Hits. Und mit Fisch, Meeresfrüchten, Fleisch, Wurst oder viel Gemüse und pikanten Zutaten wie Kapern, Oliven oder Chili lassen sich die Knusperstücke unglaublich vielseitig variieren. Sie sind ganz einfach gemacht und passen zu (fast) jeder Gelegenheit: Ob man mit Freunden bei einem Glas Wein zusammensitzt, mit Kindern Geburtstag feiert oder den Sonntagabend mit der Familie ausklingen lässt – Pizza gehört zum täglichen Leben und verbreitet immer gute Laune.

Was unterscheidet Pinsa und Pizza?

Keine Frage, wer Pizza mag, wird auch Pinsa lieben! Schon der ähnlich klingende Name deutet darauf hin: Die beiden sind verwandt, aber auch sehr verschieden. Der größte Unterschied liegt in den verwendeten Mehlen. Eine Pinsa wird im Gegensatz zur Pizza immer mit einer Mischung aus Weizenmehl und anderen glutenfreien Spezialsorten wie Reis-, Soja- oder Kichererbsenmehl zubereitet. Ein Geheimnis für vollmundigen Geschmack und die gute Bekömmlichkeit liegt in der langen Reifezeit, die Sie dem Pinsa-Teig gönnen sollten. Er darf mindestens 24 Stunden im Kühlschrank ruhen.

Wie gelingt der Teig perfekt?

Den Hefeteig lange genug kneten! So wird das Klebereiweiß oder Gluten, das für einen besonders elastischen Teig sorgt, richtig aktiviert. Außerdem wichtig: ihn anschließend gut abgedeckt gehen lassen, bis er sein Volumen etwa verdoppelt hat.

DIE SCHÄRFSTE PIZZA DER WELT

400 g Mehl, 1 Pck. Trockenhefe und 1 TL Salz mischen, mit 200 ml Wasser und 1 EL Olivenöl zu einem glatten Teig verkneten. Zugedeckt an einem warmen Ort 45 Min. gehen lassen.

6 Knoblauchzehen schälen, 4 rote Chilischoten putzen und entkernen, beides fein hacken und mit 125 ml Olivenöl vermengen.

375 g Mozzarella in dünne Scheiben schneiden. 40 g Kapern abgießen.

Den Teig auf etwas Mehl in vier Portionen teilen, mit den Händen rund (25 cm ∅) formen und auf zwei mit Backpapier ausgelegte Bleche legen. Mit dem Würz-Öl bestreichen, salzen und pfeffern, Mozzarella darauf verteilen. Nacheinander bei 250° im Ofen 10–12 Min. backen. Herausnehmen, mit Kapern bestreut servieren.

KLASSISCH

08 PINSA QUATTRO FORMAGGI

10 ARTISCHOCKEN-PAPRIKA-PINSA

13 SPINAT-PINSA MIT GORGONZOLA

15 PIZZA QUATTRO STAGIONI

16 PINSA DIAVOLO

18 PIZZA MEXIKO

21 PINSA ROMANA MIT PARMA

22 PIZZA BIANCA MIT SALSICCIA

24 PINSA FRUTTI DI MARE

Für 2 Pinsas (4 Stücke) • 40 Min. Zubereitung • mind. 27 Std. Ruhen • 2 × 10 Min. Backen • Pro Stück ca. 970 kcal, 42 g E, 47 g F, 93 g KH

PINSA QUATTRO FORMAGGI

FÜR KÄSE-LIEBHABER

FÜR DEN TEIG

400 g Weizenmehl (Type 550)
75 g Reismehl
25 g Kichererbsenmehl
2 g frische Hefe (Kugel von ca. 1,5 cm Ø), Salz
2 EL Olivenöl

FÜR DEN BELAG

2 Kugeln Mozzarella (à 125 g)
140 g Gorgonzola
120 g Pecorino
100 g Ricotta
4 Stängel Salbei
2 EL Olivenöl
Pfeffer

AUSSERDEM

Mehl zum Arbeiten

GUT ZU WISSEN

Der Belag lässt sich nach Geschmack und persönlichen Vorlieben mit anderen Käsesorten variieren, z. B. mit Taleggio, Scarmorza, Parmesan oder Ziegenfrischkäse.

TEIG: Die Mehle in einer Schüssel mit dem Schneebesen mischen. Hefe in 3 EL lauwarmem Wasser auflösen, mit 2 TL Salz, Öl und 300 ml Wasser zum Mehl geben. Alle Zutaten mit den Knethaken des Handrührgeräts in 5–6 Min. zu einem elastischen Teig verkneten. Zugedeckt bei Zimmertemperatur ca. 30 Min. ruhen lassen. Dann in einer verschlossenen Frischhaltebox im Kühlschrank mind. 24 Std. ruhen lassen.

Den Teig bei Zimmertemperatur mit einem Tuch abgedeckt ca. 2 Std. erwärmen lassen. Auf etwas Mehl in zwei Stücke teilen und zu Kugeln formen. Zugedeckt bei Zimmertemperatur ca. 30 Min. ruhen lassen.

BELAG: Mozzarella und Gorgonzola würfeln. Pecorino reiben, Ricotta in Flöckchen teilen. Alle Käsesorten mischen. Den Salbei waschen, trocken schütteln, die Blätter abzupfen und in feine Streifen schneiden.

FERTIGSTELLEN: Ca. 30 Min. vor dem Backen den Ofen mit einem Backblech oder Pizzastein (Mitte) auf 240° vorheizen. Teiglinge auf etwas Mehl oder auf Backpapier mit den Fingern in eine ovale Form drücken, die Ränder etwas höher formen. Mit dem Öl beträufeln und mit je der Hälfte der Käsemischung und Salbeistreifen belegen. Die Pinsas im heißen Ofen nacheinander in je 8–10 Min. knusprig backen, bis der Käse geschmolzen, aber nicht zu stark gebräunt ist. Pinsas herausnehmen, kurz ausdampfen lassen und quer halbieren, mit Pfeffer übermahlen und servieren.

Für 4 Pinsas • 45 Min. Zubereitung • mind. 27 Std. Ruhen • 4 × 10 Min. Backen •
Pro Stück ca. 820 kcal, 37 g E, 31 g F, 97 g KH

ARTISCHOCKEN-PAPRIKA-PINSA

FÜR GÄSTE

FÜR DEN TEIG

400 g Weizenmehl (Type 550)
50 g Reismehl
50 g Kichererbsenmehl
5 g Trockenhefe
Salz
2 EL Olivenöl

FÜR DEN BELAG

1 rote Paprika
2 Dosen Artischockenherzen (à 240 g)
6 Sardellenfilets (Anchovis; in Salzlake)
2 EL Olivenöl
3 Kugeln Mozzarella (à 125 g)
8 Stängel Petersilie
Pfeffer

AUSSERDEM

Mehl zum Arbeiten

TEIG: Die Mehle mit der Trockenhefe in einer Schüssel mischen. 2 TL Salz, das Öl und 300 ml kaltes Wasser dazugeben und alles mit den Knethaken des Handrührgeräts 5–6 Min. kneten, bis ein elastischer Teig entsteht. Zugedeckt bei Zimmertemperatur ca. 30 Min. ruhen lassen, alle 10 Min. kurz durchkneten. In einer verschlossenen Frischhaltebox im Kühlschrank mind. 24 Std. ruhen lassen.

Den Teig bei Zimmertemperatur mit einem Tuch abgedeckt ca. 2 Std. erwärmen lassen. Auf etwas Mehl in vier Stücke teilen und zu Kugeln formen. Zugedeckt bei Zimmertemperatur ca. 30 Min. ruhen lassen.

BELAG: Paprika waschen, vierteln, Trennwände und Kerne entfernen und die Viertel in feine Streifen schneiden. Artischocken abtropfen lassen und vierteln, Sardellen kalt abspülen und klein schneiden.

FERTIGSTELLEN: Ca. 30 Min. vor dem Backen den Ofen mit einem Backblech oder Pizzastein (Mitte) auf 240° vorheizen. Die Teiglinge auf etwas Mehl oder auf Backpapier in eine ovale Form drücken, die Ränder etwas höher formen. Teig mit dem Öl beträufeln. Mozzarella zerzupfen, mit den Sardellen darauf verteilen. Mit Artischocken und Paprika belegen. Im heißen Ofen in je 8–10 Min. knusprig backen. Petersilie waschen, trocken schütteln, Blätter abzupfen und fein hacken. Pinsas herausnehmen, kurz ausdampfen lassen. Mit Petersilie und Pfeffer bestreut servieren.

*Für 4 Pinsas • 50 Min. Zubereitung • mind. 27 Std. Ruhen • 4 × 10 Min. Backen •
Pro Stück ca. 950 kcal, 38 g E, 49 g F, 88 g KH*

SPINAT-PINSA MIT GORGONZOLA

AROMATISCH-WÜRZIG

FÜR DEN TEIG

400 g Pizzamehl (Type 00; ersatzweise Weizenmehl Type 405)
50 g Reismehl
30 g Sojamehl
10 g frische Hefe
Salz
2 EL Olivenöl

FÜR DEN BELAG

600 g junger Blattspinat
2 Knoblauchzehen
4 EL Olivenöl
Salz, Pfeffer
80 g milder Gorgonzola
80 g Walnusskerne
2 Kugeln Büffelmozzarella (à 125 g)

AUSSERDEM

Mehl zum Arbeiten

TAUSCH-TIPP

Junger Blattspinat ist von März bis Oktober erhältlich. Als Ersatz können Sie 450 g TK-Blattspinat nehmen.

TEIG: Die Mehle in einer Schüssel mischen, die Hefe in 3 EL lauwarmem Wasser auflösen, mit 2 TL Salz, dem Öl und 270 ml Wasser zum Mehl geben. Alle Zutaten mit den Knethaken des Handrührgeräts in 5–6 Min. zu einem elastischen Teig kneten. Zugedeckt bei Zimmertemperatur ca. 30 Min. ruhen lassen, dann in einer verschlossenen Frischhaltebox im Kühlschrank mind. 24 Std. ruhen lassen.

Den Teig bei Zimmertemperatur mit einem Tuch abgedeckt ca. 2 Std. erwärmen lassen. Auf etwas Mehl in vier Stücke teilen, zu Kugeln formen und zugedeckt bei Zimmertemperatur ca. 30 Min. ruhen lassen.

BELAG: Spinat verlesen, waschen und abtropfen lassen. Knoblauch schälen, fein würfeln und mit dem Spinat in einer Pfanne in 2 EL heißem Öl bei mittlerer Hitze 2–3 Min. dünsten, bis der Spinat zusammenfällt. Salzen und pfeffern. Vom Herd nehmen, die Flüssigkeit abgießen und die Pfanne beiseitestellen. Gorgonzola klein schneiden, Nüsse grob hacken.

FERTIGSTELLEN: Ca. 30 Min. vor dem Backen den Ofen mit Backblech oder Pizzastein (Mitte) auf 240° vorheizen. Teiglinge auf etwas Mehl oder auf Backpapier mit den Fingern in eine ovale Form drücken, die Ränder etwas höher formen. Mit übrigem Öl (2 EL) beträufeln. Mozzarella zerzupfen, auf den Pinsas verteilen. Mit Spinat und Gorgonzola belegen, mit Nüssen bestreuen. Im Ofen in je 8–10 Min. knusprig backen. Fertige Pinsas kurz ausdampfen lassen und servieren.

Für 4 Pizzas • 50 Min. Zubereitung • 24 Std. Ruhen • 4 × 12 Min. Backen •
Pro Stück ca. 700 kcal, 30 g E, 22 g F, 96 g KH

PIZZA QUATTRO STAGIONI

ALL TIME FAVORITE

FÜR DEN TEIG
500 g Mehl (Type 00 oder 550)
5 g frische Hefe (ersatzweise 3 g Trockenhefe)
Salz
1 EL Olivenöl

FÜR DEN BELAG
½ Dose stückige Tomaten (200 g)
Salz, Pfeffer
1 Prise Zucker
100 g Champignons
100 g Artischocken (in Öl)
2 Scheiben gekochter Schinken
4 Scheiben Salami
1 Zwiebel
1 rote Spitzpaprika
50 g schwarze Oliven (entsteint)
2 Kugeln Mozzarella (à 125 g)

AUSSERDEM
Mehl zum Arbeiten

TEIG: Das Mehl in eine Schüssel geben. Die Hefe unter Rühren in 300 ml lauwarmem Wasser auflösen und dazugießen. 1 leicht gehäuften TL Salz und das Öl dazugeben und den Teig 15 Min. kneten. Mit einem sauberen Geschirrtuch abdecken und bei Zimmertemperatur 30 Min. und dann im Kühlschrank 24 Std. gehen lassen.

Den Teig aus dem Kühlschrank nehmen und in 45–60 Min. Zimmertemperatur annehmen lassen. Den Backofen samt Backblech oder Pizzastein (Mitte) auf 250° vorheizen.

BELAG: Die Tomaten mit Salz, Pfeffer und dem Zucker würzen. Die Champignons putzen, bei Bedarf mit einem Tuch abreiben und in Scheiben schneiden. Artischocken und Schinken in Stücke schneiden, Salamischeiben halbieren. Die Zwiebel schälen und in Ringe schneiden. Die Paprikaschote halbieren, weiße Trennwände und Kerne entfernen, die Hälften waschen und in Streifen schneiden. Die Oliven halbieren, den Mozzarella in dünne Scheiben schneiden.

FERTIGSTELLEN: Den Teig vierteln und auf je einem leicht bemehlten Stück Backpapier zu vier runden Pizzaböden formen. Je 2–3 EL Tomaten darauf verstreichen. Je ein Viertel jeder Pizza mit Schinken und Champignons, Salami und Paprika, Zwiebel, Oliven und Artischocken belegen. Die Pizzas samt Backpapier nacheinander auf das heiße Backblech ziehen und je 12 Min. backen. Sofort servieren.

Für 4 Pinsas • 1 Std. Zubereitung • mind. 27 Std. Ruhen • 4 × 8 Min. Backen • Pro Stück ca. 795 kcal, 31 g E, 30 g F, 99 g KH

PINSA DIAVOLO

PIKANT-SCHARF

FÜR DEN TEIG

400 g Weizenmehl (Type 550)
75 g Reismehl
25 g Sojamehl
1 g frische Hefe (Kugel von ca. 1,2 cm Ø)
30 g Trockensauerteig (z. B. Lievito Madre)
Salz
1 EL Olivenöl

FÜR DEN BELAG

2 Knoblauchzehen
2 EL Olivenöl
500 g stückige Tomaten (Tetrapak)
Salz, Pfeffer
150 g grüne Oliven (entsteint)
100 g scharfe Salami (z. B. Spianata piccante)
2 Kugeln Büffelmozzarella (à 125 g)

AUSSERDEM

Mehl zum Arbeiten

TEIG: Die Mehle in einer Schüssel mischen. Die Hefe in 3 EL lauwarmem Wasser auflösen, mit dem Trockensauerteig, 2 TL Salz, dem Öl und 300 ml Wasser zum Mehl geben. Alle Zutaten mit den Knethaken des Handrührgeräts in 5–6 Min. zu einem elastischen Teig verkneten. Auf etwas Mehl mehrmals falten, zur Kugel formen und abgedeckt bei Zimmertemperatur ca. 30 Min. ruhen lassen. Dann in einer verschlossenen Frischhaltebox im Kühlschrank mind. 24 Std. ruhen lassen.

Den Teig mit einem Tuch abgedeckt bei Zimmertemperatur ca. 2 Std. erwärmen lassen. Auf etwas Mehl in vier Stücke teilen, zu Kugeln formen und abgedeckt bei Zimmertemperatur ca. 30 Min. ruhen lassen.

BELAG: Den Knoblauch schälen, fein würfeln und in einem Topf im heißen Öl 1–2 Min. andünsten. Tomaten dazugeben, mit Salz und Pfeffer würzen und offen bei mittlerer Hitze ca. 10 Min. köcheln lassen, ab und zu umrühren. Die Oliven halbieren, die Salami in dünne Scheiben schneiden.

FERTIGSTELLEN: Ca. 30 Min. vor dem Backen den Ofen mit einem Backblech oder Pizzastein (Mitte) auf 240° vorheizen. Die Teiglinge nacheinander auf etwas Mehl oder Backpapier mit den Fingern zu länglichen Fladen formen, dabei außen einen höheren Rand formen. Mit Tomatensauce bestreichen, mit Salami und Oliven belegen. Mozzarella zerzupfen und daraufstreuen. Die Pinsas im heißen Ofen in je 6–8 Min. knusprig backen. Herausnehmen, kurz ausdampfen lassen und servieren.

1

2

3

PIZZA MEXIKO

SCHARF

4

5

6

Für 4 Pizzas • 45 Min. Zubereitung • 30 Min. Gehen • 2 × 15 Min. Backen • Pro Stück ca. 1 155 kcal, 43 g E, 65 g F, 97 g KH

FÜR DEN TEIG

1 Würfel frische Hefe (ca. 42 g)
500 g Mehl
1 TL Salz
5 EL Olivenöl

FÜR DEN BELAG

800 g scharfe stückige Tomaten (aus der Dose)
6 EL Olivenöl
Salz, Pfeffer
300 g Rinderhackfleisch
2 rote Zwiebeln
120 g Cheddar (am Stück)
2 EL Jalapeños (in Scheiben; aus dem Glas)
2 kleine Avocados
2 EL Limettensaft

AUSSERDEM

Mehl zum Arbeiten

TEIG: Die Hefe zerbröckeln und in einer kleinen Schüssel mit 300 ml lauwarmem Wasser glatt rühren (Bild 1). Mehl und Salz in einer Rührschüssel mischen, Hefemischung und Öl dazugeben und alles mit den Knethaken des Handrührgeräts, dann mit den Händen glatt verkneten (Bild 2). Den Teig zugedeckt an einem warmen Ort ca. 30 Min. gehen lassen.

BELAG: Inzwischen den Backofen auf 250° vorheizen und ein Backblech mit Backpapier belegen. Die Tomaten in einem Sieb abtropfen lassen (Bild 3), dann mit 4 EL Öl verrühren, salzen und pfeffern. Das übrige Öl (2 EL) in einer Pfanne erhitzen und das Hackfleisch darin bei mittlerer Hitze unter Rühren in ca. 5 Min. krümelig braten, salzen und pfeffern (Bild 4). Vom Herd nehmen. Die Zwiebeln schälen, halbieren und in Streifen schneiden. Den Käse reiben. Die Jalapeños abtropfen lassen.

FERTIGSTELLEN: Den Teig auf etwas Mehl kurz durchkneten, zu vier Kugeln formen und diese zu Fladen (ca. 22 cm ∅) ausrollen. Je 2 Fladen nebeneinander auf das Blech legen. Je die Hälfte von Tomatensauce und Cheddar darauf verteilen, mit je der Hälfte von Hackfleisch, Zwiebeln und Jalapeños belegen (Bild 5). Im Ofen (Mitte) 12–15 Min. backen.

Die Avocados halbieren, Kerne und Schale entfernen und die Hälften in Würfel schneiden. Mit Limettensaft beträufeln, salzen und pfeffern. Die Pizzas aus dem Ofen nehmen und mit je einem Viertel der Avocadowürfel bestreuen (Bild 6). Während man die ersten beiden Pizzas isst, die übrigen zwei Pizzas ebenso zubereiten und backen. Aus dem Ofen nehmen und sofort servieren.

Für 4 Pinsas • 45 Min. Zubereitung • mind. 27 Std. Ruhen • 4 × 10 Min. Backen •
Pro Stück ca. 885 kcal, 43 g E, 35 g F, 99 g KH

PINSA ROMANA MIT PARMA

ECHT ITALIENISCH

FÜR DEN TEIG

400 g Weizenmehl (Type 550)
50 g Reismehl
50 g Kichererbsenmehl
30 g Trockensauerteig (z. B. Lievito Madre)
2 g frische Hefe (Kugel von ca. 1,5 cm Ø)
Salz
1 EL Olivenöl

FÜR DEN BELAG

2 Kugeln Mozzarella (à 125 g)
500 g Kirschtomaten (mit Rispen)
60 g Rucola
1 Handvoll Basilikumblätter
Salz, Pfeffer
4 EL Olivenöl
200 g Parmaschinken (in dünnen Scheiben)

AUSSERDEM

Mehl zum Arbeiten

TEIG: Die Mehle mit dem Trockensauerteig in einer Schüssel vermischen. Die Hefe in 3 EL lauwarmen Wasser auflösen und mit 2 TL Salz, dem Öl und 300 ml Wasser zum Mehl geben. Alle Zutaten mit den Knethaken des Handrührgeräts in 5–6 Min. zu einem elastischen Teig verkneten. Auf etwas Mehl mehrmals falten, zur Kugel formen und abgedeckt bei Zimmertemperatur ca. 30 Min. ruhen lassen. Dann in einer verschlossene Frischhaltebox im Kühlschrank mind. 24 Std. ruhen lassen.

Den Teig mit einem Tuch abgedeckt bei Zimmertemperatur ca. 2 Std. erwärmen lassen. Dann auf der bemehlten Arbeitsfläche in vier Stücke teilen und zu Kugeln formen. Abgedeckt bei Zimmertemperatur ca. 30 Min. ruhen lassen.

BELAG: Mozzarella in dünne Scheiben schneiden. Tomaten samt Rispen waschen und grob in Stücke schneiden. Rucola verlesen, waschen, trocken schütteln und grobe Stiele entfernen. Basilikum abbrausen, trocken tupfen und grob zerzupfen.

FERTIGSTELLEN: Etwa 30 Min. vor dem Backen den Ofen mit einem Backblech oder Pizzastein (Mitte) auf 240° vorheizen. Teiglinge auf etwas Mehl oder auf Backpapier mit den Fingern oval formen, dabei die Ränder etwas höher formen. Mit Mozzarella und Tomaten belegen, leicht salzen und pfeffern und mit Öl beträufeln. Im heißen Ofen in je 8–10 Min. knusprig backen.

Fertige Pinsas herausnehmen und kurz ausdampfen lassen. Mit Rucola, Basilikum und Schinken belegen und servieren.

Für 4 Pizzas • 50 Min. Zubereitung • 25 Std. 30 Min. Ruhen • 4 × 15 Min. Backen •
Pro Stück ca. 755 kcal, 33 g E, 29 g F, 89 g KH

PIZZA BIANCA MIT SALSICCIA

GANZ OHNE TOMATE

FÜR DEN TEIG

5 g frische Hefe (ersatzweise 3 g Trockenhefe)
500 g Mehl (Type 00 oder 550)
Salz
1 EL Olivenöl

FÜR DEN BELAG

5 g getrocknete Steinpilze
125 g Ricotta
Salz
150 g Pilze (z. B. Champignons oder Steinpilze)
5 Zweige Thymian
1 Kugel Mozzarella (125 g)
40 g Parmesan
150 g Salsiccia (italienische grobe Bratwurst; ersatzweise andere grobe Bratwurst)
Pfeffer

AUSSERDEM

Mehl zum Arbeiten

TEIG: Die Hefe unter Rühren in 300 ml lauwarmem Wasser auflösen. Zum Mehl gießen. 1 leicht gehäuften TL Salz und das Öl dazugeben und den Teig 15 Min. kneten. Mit einem sauberen Geschirrtuch abdecken, bei Zimmertemperatur 30 Min. und dann im Kühlschrank 24 Std. gehen lassen. Den Teig herausnehmen und in 45–60 Min. Zimmertemperatur annehmen lassen.

BELAG: Die Steinpilze in einer Schüssel mit lauwarmem Wasser bedeckt ca. 30 Min. einweichen. Den Backofen samt Backblech oder Pizzastein (Mitte) auf 250° vorheizen. Die Pilze abgießen, 3 TL Einweichwasser auffangen. Pilze trocken tupfen und klein hacken. Ricotta mit dem Einweichwasser glatt rühren und salzen, die Steinpilze unterrühren. Frische Pilze putzen, mit einem Tuch abreiben und in dünne Scheiben schneiden. Thymian waschen, trocken schütteln und die Blättchen abzupfen. Mozzarella in dünne Scheiben schneiden. Parmesan in dünne Späne schneiden.

FERTIGSTELLEN: Den Teig vierteln und auf je einem leicht bemehlten Stück Backpapier zu vier runden Pizzaböden formen, den Rand rundherum etwas dicker lassen. Jeden Boden mit einem Viertel der Ricottamasse bestreichen. Mit Thymian bestreuen und mit Pilzen belegen. Salsiccia in kleinen Flöckchen direkt auf die Pizza drücken. Mit Mozzarella belegen und mit Parmesan bestreuen. Die Pizzas samt Papier nacheinander auf das Backblech ziehen und je 13–15 Min. backen. Mit Pfeffer bestreut sofort servieren.

Für 4 Pinsas • 40 Min. Zubereitung • mind. 27 Std. Ruhen • 4 × 10 Min. Backen • Pro Stück ca. 640 kcal, 33 g E, 16 g F, 89 g KH

PINSA FRUTTI DI MARE

SOMMER-REZEPT

FÜR DEN TEIG

350 g Weizenmehl (Type 405)
50 g Weizenvollkornmehl
75 g Reismehl
25 g Sojamehl
2 g frische Hefe (Kugel von ca. 1,5 cm Ø)
Salz
2 EL Olivenöl

FÜR DEN BELAG

450 g TK-Meeresfrüchte (»Frutti di mare«)
1 großes Bund Petersilie
1 Dose stückige Tomaten (400 g)
Salz, Pfeffer
3 EL Olivenöl

AUSSERDEM

Mehl zum Arbeiten

MEHR DARAUS MACHEN
Für einen Extra-Kick: 1 Bio-Zitrone heiß waschen und abtrocknen, die Schale fein abreiben und mit dem Salz unter den Teig kneten.

TEIG: Die Mehle in einer Schüssel gut vermischen. Die Hefe in 3 EL lauwarmen Wasser auflösen, mit 2 TL Salz, dem Öl und 300 ml Wasser zum Mehl geben. Alle Zutaten mit den Knethaken des Handrührgeräts in 5–6 Min. zu einem elastischen Teig verkneten. Zugedeckt bei Zimmertemperatur ca. 30 Min. ruhen lassen. Dann in einer verschlossenen Frischhaltebox im Kühlschrank mind. 24 Std. ruhen lassen.

Teig mit einem Tuch abgedeckt ca. 2 Std. bei Zimmertemperatur erwärmen lassen. Dann auf der bemehlten Arbeitsfläche in vier Stücke teilen und zu Kugeln formen. Abgedeckt bei Zimmertemperatur ca. 30 Min. ruhen lassen.

BELAG: Die Meeresfrüchte in einem Sieb auftauen lassen, abbrausen und abtropfen lassen. Petersilie waschen, trocken schütteln, Blätter abzupfen, fein hacken und 2 EL zum Garnieren beiseitelegen. Übrige Petersilie und Tomaten mischen, salzen, pfeffern und 1 EL Öl unterrühren.

FERTIGSTELLEN: Ca. 30 Min. vor dem Backen den Ofen mit einem Backblech oder Pizzastein (Mitte) auf 240° vorheizen. Teiglinge auf etwas Mehl oder auf Backpapier oval formen, dabei die Ränder etwas höher formen. Mit dem übrigen Öl (2 EL) beträufeln, je ein Viertel der Tomatenmischung darauf verstreichen und ein Viertel der Meeresfrüchte darauf verteilen. Im heißen Ofen in je 8–10 Min. knusprig backen. Herausnehmen, kurz ausdampfen lassen. Salzen, pfeffern und mit der beiseitegelegten Petersilie bestreuen.

KREATIV

28 ORIENTALISCHE PINSA

30 PINSA MIT GRILLGEMÜSE

32 BUBBLE-UP-PIZZA

35 ROTE-BETE-PINSA MIT ZIEGENKÄSE

36 PINSA MIT EDAMAMECREME

39 GRÜNE GEMÜSEPIZZA

41 PINSA MIT RADICCHIO

42 KÜRBIS-PIZZA MIT SPECK

45 SAUERKRAUT-PINSA MIT BACON

47 PINSA MIT FENCHEL UND FEIGEN

48 LACHS-SPARGEL-PIZZA

Für 4 Pinsas • 1 Std. Zubereitung • mind. 27 Std. Ruhen • 20 Min. Garen • 4 × 8 Min. Backen • Pro Stück ca. 1015 kcal, 28 g E, 49 g F, 113 g KH

ORIENTALISCHE PINSA

VERFÜHRERISCH OPULENT

FÜR DEN TEIG

400 g Dinkelmehl (Type 630)
75 g Reismehl
25 g Kichererbsenmehl
2 g frische Hefe (Kugel von ca. 1,5 cm Ø)
Salz
1 EL Olivenöl

FÜR DEN BELAG

2 Auberginen (à 300 g)
Salz
4 EL Olivenöl
2 TL Ras el Hanout (Gewürzmischung)
200 g griech. Joghurt (10 % Fett)
400 g Hummus natur (aus dem Kühlregal)
4 EL Granatapfelkerne (aus dem Kühlregal)

AUSSERDEM

Mehl zum Arbeiten

TEIG: Die Mehle in einer Schüssel mischen. Die Hefe in 3 EL lauwarmen Wasser auflösen, mit 2 TL Salz, Öl und 270 ml Wasser zum Mehl geben. Alle Zutaten mit den Knethaken des Handrührgeräts in 5–6 Min. zu einem elastischen Teig verkneten. Zugedeckt bei Zimmertemperatur ca. 30 Min. ruhen lassen. Dann in einer verschlossenen Frischhaltebox im Kühlschrank mind. 24 Std. ruhen lassen. Den Teig mit einem Tuch abgedeckt ca. 2 Std. bei Zimmertemperatur erwärmen lassen. Dann auf etwas Mehl in vier gleich große Stücke teilen und zu Kugeln formen. Abgedeckt bei Zimmertemperatur weitere ca. 30 Min. ruhen lassen.

BELAG: Den Ofen auf 220° vorheizen. Auberginen waschen, putzen, in ca. 1 cm dicke Scheiben schneiden und leicht salzen. Ein Blech mit Backpapier belegen, mit 2 EL Öl bestreichen, Auberginen darauflegen, fest andrücken, wenden und mit Ras el Hanout bestäuben. Im Ofen (Mitte) ca. 20 Min. backen. Joghurt mit 4 EL Wasser verrühren, leicht salzen. Das Blech herausnehmen und ein sauberes Backblech oder einen Pizzastein (Mitte) einschieben. Temperatur auf 240° erhöhen.

FERTIGSTELLEN: Die Teiglinge nacheinander auf etwas Mehl oder auf Backpapier mit den Fingern oval formen, dabei außen einen höheren Rand formen. Mit dem übrigen Öl (2 EL) beträufeln und im heißen Ofen in je 5–8 Min. knusprig backen. Herausnehmen, kurz ausdampfen lassen. Mit Hummus bestreichen. Auberginen darauf verteilen, mit Joghurtsauce beträufeln und mit Granatapfelkernen bestreuen.

PINSA MIT GRILLGEMÜSE

SOMMER-REZEPT

Für 4 Pinsas • 1 Std. Zubereitung • mind. 27 Std. Ruhen • 20 Min. Garen • 4 × 8 Min. Backen • Pro Stück ca. 865 kcal, 33 g E, 37 g F, 97 g KH

FÜR DEN TEIG
450 g Dinkelmehl (Type 1050)
80 g Kichererbsenmehl
5 g Trockenhefe
Salz
2 EL Olivenöl

FÜR DEN BELAG
400 g kleine Zucchini
1 rote Spitzpaprika
1 gelbe Spitzpaprika
6 EL Olivenöl
1 TL getrocknete italienische Kräuter
Salz, Pfeffer
200 g Kirschtomaten
2 Kugeln Mozzarella (à 125 g)
einige Basilikumblätter (nach Belieben)

AUSSERDEM
Mehl zum Arbeiten

MEHR DARAUS MACHEN
Träufeln Sie vor dem Servieren etwas »Crema di Balsamico« über die Pinsas. Die dickflüssige, sirupartige Creme mit süßsäuerlich-fruchtigem Geschmack sorgt für das gewisse Etwas und ist auch optisch ein Highlight.

TEIG: Mehle, Hefe und 2 TL Salz in einer Schüssel mischen. Das Öl und 300 ml Wasser dazugeben, alles mit den Knethaken des Handrührgeräts oder in der Küchenmaschine in 5–6 Min. zu einem elastischen Teig verkneten (Bild 1). Zugedeckt ca. 30 Min. ruhen lassen, dabei alle 10 Min. kurz durchkneten. Den Teig zu einer Kugel formen, in einer verschlossenen Frischhaltebox im Kühlschrank mind. 24 Std. ruhen lassen (Bild 2).

Den Teig mit einem Tuch abgedeckt bei Zimmertemperatur ca. 2 Std. erwärmen lassen. Dann in vier Stücke teilen, diese zu Kugeln formen und bei Zimmertemperatur ca. 30 Min. abgedeckt ruhen lassen (Bild 3).

BELAG: Den Backofen auf 220° vorheizen. Zucchini waschen, putzen und in 3–4 mm dünne Scheiben schneiden, Paprika waschen, putzen, längs vierteln, entkernen und in feine Streifen schneiden. 4 EL Öl mit den Kräutern in einer Schüssel verrühren. Das Gemüse mit dem Würz-Öl vermengen, auf einem Backblech verteilen (Bild 4), leicht salzen und pfeffern. Im Ofen (Mitte) ca. 20 Min. rösten, nach 10 Min. einmal wenden.

Die Tomaten waschen und halbieren. Das Gemüse aus dem Ofen nehmen, kurz abkühlen lassen. Ein Backblech oder einen Pizzastein in den Ofen (Mitte) schieben und die Temperatur auf 240° erhöhen. Die Tomaten unter das Grillgemüse heben.

FERTIGSTELLEN: Die Teigfladen nacheinander auf der bemehlten Arbeitsfläche oder auf Backpapier mit den Fingern in eine ovale Form drücken, dabei außen einen höheren Rand stehen lassen (Bild 5). Mit dem übrigen Öl (2 EL) beträufeln, Mozzarella zerzupfen und darauf verteilen. Pinsas im heißen Ofen nacheinander je 5–8 Min. backen. Herausnehmen, kurz ausdampfen lassen und mit dem Grillgemüse belegen. Nach Belieben mit Basilikum garnieren (Bild 6).

Für 4 Personen • 25 Min. Zubereitung • 35 Min. Backen • Pro Portion ca. 500 kcal, 25 g E, 13 g F, 69 g KH

BUBBLE-UP-PIZZA

TRENDY

125 g Mozzarella
30 g Parmesan (am Stück)
1 Bund Basilikum
2 Zweige Rosmarin
24 Kirschtomaten (ca. 250 g)
2 Dosen Mehrkornbrötchen (à 310 g; je 6 Stück; Kühlregal)
250 g stückige Tomaten (aus der Dose)
Salz, Pfeffer
edelsüßes Paprikapulver

1 Mozzarella auf einer Küchenreibe grob raspeln. Den Parmesan auf der Reibe fein reiben. Basilikum und Rosmarin waschen und trocken schütteln. Die Blätter bzw. Nadeln von den Stielen zupfen. Die Kirschtomaten waschen und mit Küchenpapier trocken tupfen.

2 Die Brötchendosen nach Packungsanweisung öffnen. Die Teigstücke voneinander lösen und mit einem scharfen Messer quer halbieren. Je 1 Basilikumblatt und 1 Kirschtomate in die Mitte drücken. Die Teigränder etwas nach oben ziehen und um die Tomate herum fest verschließen.

3 Die Teigkugeln mit der Naht nach unten auf ein mit Backpapier belegtes Backblech dicht nebeneinandersetzen, sodass man eine annähernd ovale Pizza erhält.

4 Den Backofen auf 200° vorheizen. Die Rosmarinnadeln fein hacken und unter die stückigen Tomaten rühren. Mit Salz, Pfeffer und Paprikapulver würzen. Etwas Mozzarella in die kleinen Lücken auf den Teig streuen. Die Tomatensauce gleichmäßig auf dem Teig verteilen und verstreichen, dabei rundherum einen kleinen Rand frei lassen. Restlichen Mozzarella und Parmesan mischen und auf die Pizza streuen.

5 Die Pizza im Ofen (Mitte) in 25–35 Min. goldbraun backen. Übriges Basilikum nach Belieben klein zupfen und die fertige Pizza damit bestreuen.

Für 4 Pinsas • 1 Std. Zubereitung • mind. 27 Std. Ruhen • 4 × 10 Min. Backen • Pro Stück ca. 820 kcal, 26 g E, 32 g F, 103 g KH

ROTE-BETE-PINSA MIT ZIEGENKÄSE

ERDIG-FEINES AROMASPIEL

FÜR DEN TEIG

300 g Weizenmehl (Type 550)
100 g Roggenmehl (Type 1 150)
75 g Reisvollkornmehl
25 g Sojamehl
1 g frische Hefe (Kugel von ca. 1,2 cm Ø)
30 g Trockensauerteig (z. B. Lievito Madre)
Salz
1 EL Olivenöl

FÜR DEN BELAG

3 EL Rotweinessig
1 EL Aceto balsamico
Salz, Pfeffer
6 EL Olivenöl
4 kleine Rote Beten (à ca. 125 g)
200 g Ziegenfrischkäse
10 Zweige Thymian

AUSSERDEM

Mehl zum Arbeiten

TEIG: Die Mehle in einer Schüssel mischen. Die Hefe in 2 EL lauwarmem Wasser auflösen, mit Sauerteigpulver, 2 TL Salz, dem Öl und 320 ml Wasser zum Mehl geben. Alles mit den Knethaken des Handrührgeräts in 5–6 Min. zu einem weichen Teig verkneten. Zugedeckt bei Zimmertemperatur ca. 30 Min. ruhen lassen. Dann in einer verschlossenen Frischhaltebox im Kühlschrank mind. 24 Std. ruhen lassen. Den Teig mit einem Tuch abgedeckt bei Zimmertemperatur ca. 2 Std. erwärmen lassen. Auf etwas Mehl in vier Stücke teilen, zu Kugeln formen und abgedeckt 30 Min. ruhen lassen.

BELAG: In einer Schüssel Rotwein- und Balsamicoessig, Salz, Pfeffer und 4 EL Öl verquirlen. Rote Bete putzen, schälen, auf der Rohkostreibe in dünne Scheiben hobeln (Einweghandschuhe tragen!), gut mit dem Dressing vermischen und marinieren. Ziegenkäse mit 4 EL Wasser verrühren, salzen und pfeffern. Thymian waschen, trocken tupfen und die Blättchen abzupfen.

FERTIGSTELLEN: Ca. 30 Min. vor dem Backen den Ofen mit einem Backblech oder Pizzastein (Mitte) auf 240° vorheizen. Teiglinge nacheinander mit den Fingern auf etwas Mehl oder auf Backpapier in eine ovale Form drücken, die Ränder etwas höher formen. Mit dem übrigen Öl (2 EL) beträufeln, mit der Ziegenkäsecreme bestreichen. Rote Bete abtropfen lassen (Dressing auffangen!) und auf den Pinsas verteilen. Nacheinander im heißen Ofen in 8–10 Min. knusprig backen. Herausnehmen, kurz ausdampfen lassen. Mit je 1–2 EL Marinade beträufeln und mit Thymian bestreuen.

Für 4 Pinsas • 50 Min. Zubereitung • mind. 27 Std. Ruhen • 2 × 8 Min. Backen •
Pro Stück ca. 935 kcal, 28 g E, 39 g F, 116 g KH

PINSA MIT EDAMAMECREME

VEGAN UND GLUTENFREI

FÜR DEN TEIG
300 g Buchweizenmehl
100 g Reisvollkornmehl
25 g Kichererbsenmehl
75 g Kartoffelstärke
12 g gemahlene Flohsamenschalen
2 g frische Hefe (Kugel von ca. 1,5 cm Ø)
Salz
1 EL Olivenöl

FÜR DEN BELAG
300 g TK-Edamamekerne (ausgelöst)
200 g TK-Erbsen
Salz
100 ml Olivenöl
Pfeffer
200 g Räuchertofu
200 g kleine Champignons
1 Bund Petersilie

AUSSERDEM
Öl zum Arbeiten

TEIG: Mehle, Stärke und Flohsamenschalen in einer Schüssel gut mischen. Die Hefe in 3 EL lauwarmen Wasser auflösen, mit 2 TL Salz, Öl und 370 ml Wasser zum Mehl geben. Alle Zutaten mit den Knethaken des Handrührgeräts in 3–5 Min. zu einem weichen Teig verkneten. Zugedeckt bei Zimmertemperatur ca. 1 Std. ruhen und quellen lassen. In vier Stücke teilen und je 2 Teiglinge mit geölten Händen auf Backpapier behutsam oval formen. Samt dem Backpapier auf Küchenbretter ziehen und abgedeckt im Kühlschrank mind. 24 Std. ruhen lassen. Dann bei Zimmertemperatur ca. 2 Std. erwärmen lassen.

BELAG: Ca. 30 Min. vor dem Backen den Ofen mit einem Backblech oder Pizzastein (Mitte) auf 240° vorheizen. TK-Edamame und TK-Erbsen in reichlich kochendem Salzwasser 2–3 Min. blanchieren, abgießen, abschrecken und gut abtropfen lassen. Mit 50 ml Öl und 50 ml Wasser mit dem Pürierstab fein pürieren, salzen und pfeffern. Tofu klein würfeln, Pilze putzen, trocken abreiben und in dünne Scheiben schneiden. Petersilie waschen, trocken schütteln, Blätter abzupfen und fein hacken. Tofu und Pilze mit 2 EL Öl in einer Pfanne bei mittlerer Hitze ca. 5 Min. unter Rühren braten, salzen und pfeffern, Petersilie untermischen. Warm halten.

FERTIGSTELLEN: Teiglinge mit den Fingern leicht eindrücken, mit dem übrigen Öl (50 ml) beträufeln und je 2 Pinsas in je 6–8 Min. im heißen Ofen hellbraun backen. Herausnehmen, kurz ausdampfen lassen. Mit der Edamame-Creme bestreichen und mit der Tofu-Pilz-Mischung belegen.

Für 4 Pizzas • 40 Min. Zubereitung • 1 Std. Ruhen • 2 × 20 Min. Backen • Pro Stück ca. 710 kcal, 23 g E, 35 g F, 77 g KH

GRÜNE GEMÜSEPIZZA

GUT VORZUBEREITEN

FÜR DEN TEIG

½ Würfel Hefe (21 g)
400 g Weizenmehl (Type 550)
Salz
2 EL Olivenöl

FÜR DEN BELAG

100 g TK-Erbsen
Salz
250 g grüner Spargel
200 g junge Zucchini
2 EL Olivenöl
100 g Greyerzer
100 g Crème fraîche
Pfeffer
40 g Rucola
4 TL Chiliöl

AUSSERDEM

Mehl zum Arbeiten

MEHR DARAUS MACHEN
Wer es bunt mag, belegt die Pizzas noch mit dünnen Möhrenscheiben. 2 EL geröstete Pinienkerne geben dem Ganzen eine fein-nussige Note.

TEIG: Hefe in 200 ml lauwarmem Wasser auflösen. Mehl mit 1 TL Salz in einer Schüssel mischen, in die Mitte eine Mulde drücken. Hefewasser und das Öl hineingeben und alles mit den Knethaken des Handrührgeräts zu einem glatten Teig verkneten. Auf etwas Mehl 10 Min. durchkneten, dann zugedeckt an einem warmen Ort ca. 1 Std. gehen lassen.

BELAG: Inzwischen die Erbsen in kochendem Salzwasser ca. 1 Min. garen, abgießen und eiskalt abschrecken. Spargel im unteren Drittel schälen, holzige Enden abschneiden. Spargel schräg in ca. 2 cm lange Stücke schneiden. Zucchini waschen, putzen und in dünne Scheiben hobeln. Das Öl in einer großen Pfanne erhitzen, Spargel und Zucchini darin bei mittlerer Hitze 2–3 Min. anbraten. Vom Herd nehmen und die Erbsen untermischen. Den Käse reiben.

FERTIGSTELLEN: Den Backofen auf 220° vorheizen. Teig kurz durchkneten, zu vier Kugeln formen. Auf der bemehlten Arbeitsfläche zu Fladen (à 22 cm ∅) ausrollen. Je 2 Fladen auf einen Bogen Backpapier geben, mit Crème fraîche bestreichen und mit Gemüse belegen. Salzen und pfeffern. Mit Käse bestreuen. Je zwei Pizzas mithilfe des Backpapiers auf ein Blech ziehen. Im heißen Ofen (unten) in 15–20 Min. goldbraun backen. Übrige Pizzas genauso backen.

Rucola verlesen, waschen und trocken schleudern. Pizzas aus dem Ofen nehmen und auf Teller geben. Mit Rucola und je 1 TL Chiliöl toppen.

*Für 4 Pinsas • 40 Min. Zubereitung • mind. 27 Std. Ruhen • 4 × 10 Min. Backen •
Pro Stück ca. 1005 kcal, 34 g E, 47 g F, 111 g KH*

PINSA MIT RADICCHIO

FRUCHTIG-HERBES AROMASPIEL

FÜR DEN TEIG

450 g Weizenmehl (Type 405)
80 g Reismehl
2 g frische Hefe (Kugel von ca. 1,5 cm Ø), Salz
30 g Trockensauerteig (z. B. Lievito Madre)
2 EL Olivenöl

FÜR DEN BELAG

80 g kräftiger Edelpilzkäse (z. B. Roquefort)
1 kleiner Radicchio (ca. 200 g)
2 Birnen (z. B. Conference; à ca. 150 g)
75 g Walnusskerne
4 EL Olivenöl
2 Kugeln Mozzarella (à 125 g)

AUSSERDEM

Mehl zum Arbeiten

TAUSCH-TIPP

Anstelle von Roquefort können Sie einen kräftigen Gorgonzola nehmen oder den edlen Blauschimmelkäse Saint Agur.

TEIG: Die Mehle in einer Schüssel mischen. Die Hefe in 3 EL lauwarmem Wasser auflösen und mit 2 TL Salz, Sauerteigpulver, dem Öl und 280 ml Wasser zum Mehl geben. Alles mit den Knethaken des Handrührgeräts in 5–6 Min. zu einem weichen Teig verkneten. Auf der bemehlten Arbeitsfläche mehrmals falten, zur Kugel formen und zugedeckt bei Zimmertemperatur ca. 30 Min. ruhen lassen. Dann in einer verschlossenen Frischhaltebox im Kühlschrank mind. 24 Std. ruhen lassen.

Den Teig mit einem Tuch abgedeckt ca. 2 Std. bei Zimmertemperatur erwärmen lassen. Dann auf etwas Mehl in vier Stücke teilen, zu Kugeln formen und ca. 30 Min. gehen lassen, bis sich das Volumen vergrößert hat.

BELAG: Edelpilzkäse zerbröckeln. Radicchio waschen, putzen, längs vierteln, vom Strunk befreien und quer in ca. ½ cm breite Streifen schneiden. Birnen waschen, vierteln, entkernen und längs in dünne Spalten schneiden. Die Nüsse grob hacken.

FERTIGSTELLEN: Ca. 30 Min. vor dem Backen den Ofen mit einem Backblech oder Pizzastein (Mitte) auf 240° vorheizen. Teiglinge nacheinander mit den Fingern auf etwas Mehl oder auf Backpapier in eine ovale Form drücken, die Ränder etwas höher formen. Mit dem Öl bestreichen, Mozzarella in Stücke zupfen und darauf verteilen. Mit Radicchio, Birnen und Käse belegen und mit Nüssen bestreuen. Die Pinsas nacheinander im heißen Ofen 8–10 Min. backen. Herausnehmen, kurz ausdampfen lassen und servieren.

Für 4 Pizzas • 45 Min. Zubereitung • 1 Std. Ruhen • 25 Min. Garen • 2 × 15 Min. Backen • Pro Stück ca. 890 kcal, 30 g E, 36 g F, 116 g KH

KÜRBIS-PIZZA MIT SPECK

WÜRZIG-DEFTIGER GENUSS

FÜR DEN TEIG

500 g Mehl
Salz
½ Pck. Trockenhefe (ca. 4 g)
2 EL Olivenöl

FÜR DEN BELAG

700 g Hokkaido-Kürbis
2 rote Zwiebeln
1 Knoblauchzehe
3 EL Olivenöl
Salz, Pfeffer
200 g passierte Tomaten
100 g Räucherspeck (in Scheiben)
20 Blätter Salbei
180 g Gorgonzola (ersatzweise Bergkäse)

AUSSERDEM

Mehl zum Arbeiten

VORBEREITUNGS-TIPP

Den Teig am Vortag kneten, ca. 30 Min. gehen lassen, dann 24 Std. zugedeckt kühl stellen und ca. 1 Std. Zimmertemperatur annehmen lassen.

TEIG: Mehl, 1 leicht gehäuften TL Salz und Hefe vermischen. 300 ml lauwarmes Wasser und das Öl dazugießen. Mit den Knethaken des Handrührgeräts auf niedrigster Stufe ca. 5 Min. kneten, bis sich alle Zutaten verbunden haben. Dann auf höchster Stufe ca. 5 Min. zu einem elastischen Teig kneten. Den Teig in eine Schüssel geben und zugedeckt an einem warmen Ort ca. 1 Std. gehen lassen.

BELAG: Backofen auf 220° vorheizen. Den Kürbis waschen, putzen und mit Schale in schmale Spalten schneiden oder ca. 1,5 cm groß würfeln. Die Zwiebeln schälen und der Länge nach in schmale Spalten schneiden. Den Knoblauch schälen und fein hacken. Alles mit dem Öl in einer ofenfesten Form vermischen, salzen und pfeffern. Im heißen Ofen (Mitte) 20–25 Min. garen. Inzwischen die Tomaten mit Salz und Pfeffer würzen, den Speck in Streifen schneiden und die Salbeiblätter sauber reiben.

FERTIGSTELLEN: Das Gemüse aus dem Ofen nehmen und den Backofen auf 250° stellen. Zwei Bleche mit Backpapier belegen. Teig auf einer bemehlten Arbeitsfläche durchkneten, vierteln und jedes Viertel zu einer runden Pizza ausrollen, dabei einen etwas dickeren Rand formen. Je 2 Pizzaböden auf ein Blech legen. mit passierten Tomaten bestreichen, leicht salzen und pfeffern. Die Kürbis-Zwiebel-Mischung darauf verteilen, mit Speck und Salbei belegen. Gorgonzola in Flöckchen daraufgeben. Die Pizzas nacheinander im heißen Ofen (Mitte) in je 12–15 Min. knusprig braun backen.

Für 4 Pinsas • 45 Min. Zubereitung • mind. 27 Std. Ruhen • 4 × 10 Min. Backen • Pro Stück ca. 810 kcal, 23 g E, 40 g F, 94 g KH

SAUERKRAUT-PINSA MIT BACON

PREISWERT UND HERZHAFT

FÜR DEN TEIG

300 g Weizenmehl (Type 550)
100 g Roggenmehl (Type 1 150)
75 g Reisvollkornmehl
25 g Sojamehl
1 g frische Hefe (Kugel von ca. 1,2 cm Ø)
30 g Trockensauerteig (z. B. Lievito Madre)
Salz
1 EL Olivenöl

FÜR DEN BELAG

200 g frisches Sauerkraut
200 g Schmand
5 EL Sahne
Salz, Pfeffer
125 g Bacon (Frühstücksspeck)
½ Bund Schnittlauch
4 EL Olivenöl

AUSSERDEM

Mehl zum Arbeiten

TEIG: Die Mehle in einer Schüssel vermischen. Die Hefe in 2 EL lauwarmen Wasser auflösen, mit Trockensauerteig, 2 TL Salz, dem Öl und 320 ml Wasser zum Mehl geben. Alle Zutaten mit den Knethaken des Handrührgeräts in 5–6 Min. zu einem weichen Teig verkneten. Zugedeckt bei Zimmertemperatur ca. 30 Min. ruhen lassen, dann in einer verschlossenen Frischhaltebox im Kühlschrank mind. 24 Std. ruhen lassen.

Den Teig mit einem Tuch abgedeckt ca. 2 Std. bei Zimmertemperatur erwärmen lassen. Dann auf etwas Mehl in vier Stücke teilen, zu Kugeln formen und abgedeckt weitere 30 Min. ruhen lassen.

BELAG Das Sauerkraut in einem Sieb abtropfen lassen. Den Schmand mit der Sahne glatt rühren, mit Salz und Pfeffer würzen. Den Bacon in feine Streifen schneiden. Den Schnittlauch waschen, trocken schütteln und in feine Röllchen schneiden.

FERTIGSTELLEN Etwa 30 Min. vor dem Backen den Ofen mit einem Backblech oder Pizzastein (Mitte) auf 240° vorheizen. Die Teiglinge nacheinander mit den Fingern auf der bemehlten Arbeitsfläche oder auf Backpapier zu einer ovalen Form drücken, dabei außen einen höheren Rand formen. Mit dem Öl beträufeln und mit der Schmandcreme bestreichen. Das Sauerkraut zerpflücken und darauf verteilen, mit dem Speck belegen. Die Pinsas im heißen Ofen in je 8–10 Min. knusprig backen. Herausnehmen, kurz ausdampfen lassen. Mit Schnittlauch bestreuen und servieren.

Für 4 Pinsas • 40 Min. Zubereitung • mind. 27 Std. Ruhen • 4 × 10 Min. Backen • Pro Stück ca. 830 kcal, 40 g E, 32 g F, 96 g KH

PINSA MIT FENCHEL UND FEIGEN

GENIALE KOMBI

FÜR DEN TEIG

400 g Weizenmehl (Type 550)
75 g Reismehl
25 g Sojamehl
2 g frische Hefe (Kugel von ca. 1,2 cm Ø), Salz
2 EL Olivenöl

FÜR DEN BELAG

1 mittelgroße Knolle Fenchel (mit Grün)
4 EL Zitronensaft
Salz, Pfeffer
4 Feigen (à 50–60 g)
4 EL Olivenöl
2 Kugeln Mozzarella (à 125 g)
150 g Bresaola (in dünnen Scheiben)

AUSSERDEM

Mehl zum Arbeiten

MEHR DARAUS MACHEN

Für ein intensiveres Aroma kann man dem Teig zusammen mit dem Salz noch 2 TL im Mörser zerdrückte Fenchelsamen beimengen.

TEIG: Die Mehle in einer Schüssel vermischen. Die Hefe in 3 EL lauwarmem Wasser auflösen, mit 2 TL Salz, dem Öl und 300 ml Wasser zum Mehl geben. Alle Zutaten mit den Knethaken des Handrührgeräts in 5–6 Min. zu einem elastischen Teig verkneten. Zugedeckt bei Zimmertemperatur ca. 30 Min. ruhen lassen, dann in einer verschlossenen Frischhaltebox im Kühlschrank mind. 24 Std. ruhen lassen.

Teig mit einem Tuch abgedeckt ca. 2 Std. bei Zimmertemperatur erwärmen lassen. Dann auf etwas Mehl kurz durchkneten, in vier Stücke teilen, zu Kugeln formen und abgedeckt ca. 30 Min. ruhen lassen.

BELAG: Fenchel waschen, putzen, vierteln, vom Strunk befreien und in feine Streifen hobeln, das Fenchelgrün beiseitelegen. Die Fenchelstreifen mit Zitronensaft, Salz und Pfeffer vermischen und bis zur Verwendung marinieren. Feigen waschen, putzen und in je 6 Spalten schneiden.

FERTIGSTELLEN: Ca. 30 Minuten vor dem Backen den Ofen mit einem Backblech oder Pizzastein (Mitte) auf 240° vorheizen. Teiglinge mit den Fingern auf etwas Mehl oder auf Backpapier zu einer ovalen Form drücken, dabei außen einen höheren Rand formen. Mit Öl beträufeln, Mozzarella zerpflücken und darauf verteilen. Im heißen Ofen nacheinander in je 8–10 Min. knusprig backen. Herausnehmen und kurz ausdampfen lassen. Mit Fenchel, Feigen und Bresaola belegen, mit Fenchelgrün garnieren und servieren.

*Für 4 Personen • 50 Min. Zubereitung • 1 Std. 5 Min. Gehen • 25 Min. Backen •
Pro Portion ca. 925 kcal, 49 g E, 39 g F, 93 g KH*

LACHS-SPARGEL-PIZZA

PIZZA DELUXE FÜR GÄSTE

FÜR DEN TEIG

500 g Weizenmehl (Type 550)
1 Würfel frische Hefe (42 g)
Salz
3 EL Olivenöl

FÜR DEN BELAG

500 g weißer Spargel
Salz
400 g passierte Tomaten
1 EL Olivenöl
2 Knoblauchzehen
Pfeffer
250 g Mozzarella
300 g Lachsfilet (ohne Haut)
75 g Parmesan
2 EL Kapern
6 Zweige Zitronenthymian

AUSSERDEM

Fett für das Backblech

TEIG: Das Mehl in eine Schüssel geben und eine Mulde hineindrücken. 300 ml Wasser erwärmen. Zerbröckelte Hefe und 4 EL lauwarmes Wasser in die Mulde geben. Zu einem Vorteig verrühren und zugedeckt ca. 20 Min. an einem warmen Ort gehen lassen.

BELAG: Den Spargel waschen, schälen und die Enden abschneiden. Die Spargelstangen in wenig kochendem Salzwasser in ca. 3 Min. garen. Abgießen und abtropfen lassen. Abgekühlte Stangen längs in Streifen schneiden.

Übriges lauwarmes Wasser, 1 TL Salz und das Öl zum Vorteig geben und alles zu einem glatten Teig verkneten. Zugedeckt ca. 45 Min. gehen lassen.

Die passierten Tomaten und das Öl verrühren. Den Knoblauch schälen, dazupressen und unterrühren. Mit Salz und Pfeffer würzen. Den Mozzarella in Scheiben schneiden. Das Lachsfilet waschen, trocken tupfen und schräg in dünne Scheiben schneiden. Parmesan fein reiben.

FERTIGSTELLEN: Den Backofen auf 220° vorheizen. Den Teig noch einmal durchkneten und auf einem gefetteten Backblech ausrollen. Mit passierten Tomaten dünn bestreichen. Parmesan und Mozzarella darauf verteilen, mit Lachs und Spargel belegen und mit Salz und Pfeffer würzen. Zum Schluss Kapern und Zitronenthymian auf der Pizza verteilen. Die Pizza im heißen Ofen (Mitte) 20–25 Min. backen.

HANDLICH

52 CAPRESE-PINSA-HÄPPCHEN

54 MINI-CALZONE MIT ANTIPASTI

55 PIZZATASCHEN

57 COLESLAW-PINSA-TASCHEN

58 PINSA-HÄPPCHEN MIT THUNFISCHCREME

Für 4 Pinsas (24 Stücke) • 40 Min. Zubereitung • mind. 27 Std. Ruhen • 4 × 8 Min. Backen • Pro Stück ca. 150 kcal, 5 g E, 7 g F, 16 g KH

CAPRESE-PINSA-HÄPPCHEN

SOMMER-REZEPT

FÜR DEN TEIG

400 g Pizzamehl (Type 00, ersatzweise Weizenmehl Type 405)
75 g Reismehl
25 g Sojamehl
2 g frische Hefe (Kugel von ca. 1,5 cm Ø), Salz
2 EL Olivenöl

FÜR DEN BELAG

500 g kleine Strauchtomaten
3 Kugeln Büffelmozzarella (à 125 g)
2 EL Aceto balsamico
6 EL Olivenöl
Salz, Pfeffer
8 Stängel Basilikum

AUSSERDEM

Mehl zum Arbeiten

GUT ZU WISSEN

Der milde Büffelmozzarella ist so weich und cremig, dass er nicht geschnitten, sondern nur locker zerzupft wird.

TEIG: Alle Mehle in einer Schüssel gut vermischen. Die Hefe in 3 EL lauwarmen Wasser auflösen, mit 2 TL Salz, dem Öl und 270 ml Wasser zum Mehl geben. Alle Zutaten mit den Knethaken des Handrührgeräts in 5–6 Min. zu einem elastischen Teig verkneten. Zugedeckt ca. 30 Min. bei Zimmertemperatur ruhen lassen, dann in einer verschlossenen Frischhaltebox im Kühlschrank mind. 24 Std. ruhen lassen.

Den Teig mit einem Tuch abgedeckt ca. 2 Std. bei Zimmertemperatur erwärmen lassen. Dann auf etwas Mehl kurz durchkneten, in vier Stücke teilen, zu Kugeln formen und abgedeckt ca. 30 Min. ruhen lassen.

BELAG: Tomaten waschen, vom Stielansatz befreien und in Stücke schneiden. Mozzarella zerzupfen. Beides mit Essig und 4 EL Öl vorsichtig mischen, salzen und pfeffern. Basilikum waschen, trocken schütteln und die Blätter abzupfen.

FERTIGSTELLEN: Ca. 30 Minuten vor dem Backen den Ofen mit einem Backblech oder Pizzastein (Mitte) auf 240° vorheizen. Teiglinge nacheinander mit den Fingern auf etwas Mehl oder auf Backpapier zu einer ovalen Form drücken, dabei außen einen höheren Rand formen. Mit dem übrigen Öl (2 EL) beträufeln und im heißen Ofen in je 6–8 Min. knusprig backen. Herausnehmen, kurz ausdampfen lassen und in je 6 Stücke schneiden. Mit der Tomaten-Mozzarella-Mischung belegen und mit zerzupftem Basilikum bestreuen.

Für 8 Stück • 30 Min. Zubereitung • 20 Min. Backen • Pro Stück ca. 385 kcal, 10 g E, 14 g F, 23 g KH

MINI-CALZONE MIT ANTIPASTI

VEGGIE-TÄSCHCHEN

50 g Parmesan
200 g Ricotta
1 Ei (M)
Salz, Pfeffer
350 g gemischte Antipasti (z. B. Paprika, Artischocken, Pilze, Tomaten; vom Italiener, aus dem Kühlregal oder aus dem Glas)
1 Packung frischer Pizzateig mit Hefe (400 g; Kühlregal)
Öl zum Bestreichen

1 Den Backofen auf 220° vorheizen. Den Parmesan fein reiben. Den Ricotta mit Ei und Parmesan glatt rühren. Mit Salz und Pfeffer würzen. Die Antipasti in ein Sieb geben, gut abtropfen lassen und mit Küchenpapier noch etwas abtupfen. Die Antipasti je nach Sorte und Größe in kleine Stücke schneiden und unter die Ricottamasse mischen.

2 Den Teig entrollen und in acht Stücke à 5 × 9 cm schneiden. Die Teigstücke mit den Händen etwas breiter ziehen. Auf eine Hälfte je 1 gut gehäuften EL Füllung geben. Die andere Teighälfte diagonal darüberlegen. Die Ränder mit den Händen zusammendrücken und mit den Fingern zu einem gut verschlossenen Rand formen.

3 Die Mini-Calzone auf einem mit Backpapier belegtem Backblech verteilen und dünn mit Öl bestreichen. Im heißen Ofen (Mitte) in 18–20 Min. goldbraun backen.

Für 8 Stück • 20 Min. Zubereitung • 18 Min. Backen • Pro Stück ca. 345 kcal, 10 g E, 23 g F, 25 g KH

PIZZATASCHEN

KLASSIKER

400 ml passierte Tomaten
Salz, Pfeffer
2 TL getr. italienische Kräuter
80 g Oliven (entsteint)
1 kleiner Zucchino
2 Rollen Blätterteig (à 275 g; Kuhlregal)
4 TL Kapern
200 g geriebener Mozzarella

1 Die Tomaten in eine Schüssel geben und mit Salz, Pfeffer und den Kräutern würzen. Den Backofen auf 200° vorheizen. Die Oliven halbieren. Den Zucchino waschen, putzen, der Länge nach vierteln und in dünne Scheiben schneiden.

2 Eine Rolle Blätterteig auf der Arbeitsfläche ausrollen und in vier Rechtecke schneiden. Diese je halbseitig mit etwas Tomatensauce bestreichen, dabei einen 1 cm breiten Rand frei lassen. Oliven, Zucchini und Kapern auf dem Teig verteilen und mit Pfeffer bestreuen. Die Teigtaschen zuammenklappen, die Ränder mit einer Gabel festdrücken. Mit der zweiten Rolle Blätterteig genauso verfahren.

3 Die Blätterteigtaschen mit dem Käse bestreuen und auf ein mit Backpapier ausgelegtes Backblech legen. Im heißen Ofen (Mitte) ca. 18 Min. backen. Herausnehmen und lauwarm genießen oder vollständig auskühlen lassen.

Für 8 Stück • 1 Std. Zubereitung • mind. 27 Std. Ruhen • 4 × 10 Min. Backen •
Pro Stück ca. 390 kcal, 15 g E, 16 g F, 47 g KH

COLESLAW-PINSA-TASCHEN

AMERICAN STYLE MIT PASTRAMI

FÜR DEN TEIG
400 g Weizenmehl (Type 550)
75 g Reismehl
25 g Sojamehl
5 g Trockenhefe
Salz
2 EL Olivenöl

FÜR DEN BELAG
½ Spitzkohl (ca. 300 g)
1 große Möhre (ca. 100 g)
75 g Mayonnaise
100 g Joghurt
2 EL Zitronensaft
Salz, Pfeffer
4 EL Olivenöl
200 g Pastrami-Aufschnitt (ersatzweise Roastbeef)

AUSSERDEM
Mehl zum Arbeiten

GUT ZU WISSEN
Pastrami ist ein fein-würziger und magerer Rinderschinken, der in den USA als Delikatesse schon lange beliebt ist.

TEIG: Mehle und Hefe in einer Schüssel mischen. 1 TL Salz, das Öl und 300 ml kaltes Wasser dazugeben. Alle Zutaten mit den Knethaken des Handrührgeräts in 5–6 Min. zu einem elastischen Teig kneten. Zur Kugel formen und bei Zimmertemperatur zugedeckt ca. 30 Min. ruhen lassen, dabei alle 10 Min. kurz durchkneten. Dann in einer verschlossenen Frischhaltebox im Kühlschrank mind. 24 Std. ruhen lassen.

Teig mit einem Tuch abgedeckt ca. 2 Std. bei Zimmertemperatur erwärmen lassen. Dann auf etwas Mehl in acht Stücke teilen, rund formen und abgedeckt bei Zimmertemperatur ca. 30 Min. ruhen lassen.

BELAG: Spitzkohl putzen, waschen und ohne Strunk in feine Streifen schneiden. Möhre putzen, schälen und grob raspeln. Mayonnaise, Joghurt und Zitronensaft in einer Schüssel verrühren, mit Salz und Pfeffer abschmecken. Kohlstreifen und Möhrenraspel untermischen.

FERTIGSTELLEN: Etwa 30 Min. vor dem Backen den Ofen mit einem Backblech oder Pizzastein (Mitte) auf 240° vorheizen. Teiglinge mit den Fingern auf etwas Mehl oder auf Backpapier zu einer ovalen Form drücken, mit etwas Olivenöl beträufeln und umklappen. Die Oberseite ebenfalls mit Öl beträufeln. Je 2 Pinsas im heißen Ofen 8–10 Min. backen. Herausnehmen, mit der Öffnung nach unten auf ein Gitter stellen und kurz ausdampfen lassen. Pinsa-Taschen mit Krautsalat und Pastrami füllen und gleich servieren.

Für 2 Pinsas (30 Stücke) • 45 Std. Zubereitung • mind. 27 Std. Ruhen • 2 × 10 Min. Backen • Pro Stück ca. 135 kcal, 5 g E, 6 g F, 13 g KH

PINSA-HÄPPCHEN MIT THUNFISCHCREME

FÜR GÄSTE ZUM APERITIF

FÜR DEN TEIG

400 g Dinkelmehl (Type 630)
75 g Reisvollkornmehl
25 g Kichererbsenmehl
2 g frische Hefe (Kugel von ca. 1,5 cm Ø)
30 g Trockensauerteig (z. B. Lievito Madre)
Salz
2 EL Olivenöl

FÜR DEN BELAG

2 Dosen Thunfisch (in Lake; à 185 g)
2 Schalotten
300 g Doppelrahm-Frischkäse
Salz, Pfeffer
1 Bund Petersilie
2 EL kleine Kapern (in Lake; z. B. Nonpareilles)
3 EL Olivenöl

AUSSERDEM

Mehl zum Arbeiten

TEIG: Die Mehle in einer Schüssel gut mischen. Die Hefe in 2 EL lauwarmen Wasser auflösen, mit Sauerteigpulver, 2 TL Salz, dem Öl und 330 ml Wasser zum Mehl geben. Alle Zutaten mit den Knethaken des Handrührgeräts in 5–6 Min. zu einem elastischen Teig verkneten. Bei Zimmertemperatur zugedeckt ca. 30 Min. ruhen lassen. Dann in einer verschlossener Frischhaltebox im Kühlschrank mind. 24 Std. ruhen lassen.

Den Teig mit einem Tuch abgedeckt ca. 2 Std. bei Zimmertemperatur erwärmen lassen. Auf der bemehlten Arbeitsfläche in zwei Stücke teilen. Jeweils zu einer Kugel formen und abgedeckt bei Zimmertemperatur ca. 30 Min. ruhen lassen.

BELAG: Thunfisch gut abtropfen lassen und grob zerpflücken. Schalotten schälen und fein würfeln, mit dem Thunfisch in einem hohen Rührbecher mit dem Pürierstab fein pürieren. Frischkäse unterrühren, salzen und pfeffern. Die Creme abgedeckt kalt stellen. Die Petersilie waschen und trocken schütteln, Blätter abzupfen und hacken. Die Kapern abgießen.

FERTIGSTELLEN: Ca. 30 Min. vor dem Backen den Ofen mit einem Backblech oder Pizzastein (Mitte) auf 240° vorheizen. Die Teiglinge mit den Fingern auf etwas Mehl oder auf Backpapier zu einer ovalen Form drücken, mit etwas Olivenöl beträufeln und im heißen Ofen in je 8–10 Min. knusprig backen. Herausnehmen, kurz ausdampfen lassen und in je 15 Stücke schneiden. Auf jedes Stück etwas Thunfischcreme geben und mit Kapern und Petersilie garniert servieren.

REGISTER

Vegetarische Rezepte, die im Buch mit einem ❦ gekennzeichnet sind, sind hier grün abgesetzt.

A

Antipasti: Mini-Calzone mit Antipasti 54
Artischocken
  Artischocken-Paprika-Pinsa 10
  Pizza Quattro Stagioni 15
Aubergine: Orientalische Pinsa 28
Avocado: Pizza Mexiko 18

B

Basilikum
  Caprese-Pinsa-Häppchen 52
  Pinsa mit Grillgemüse 30
  Pinsa Romana mit Parma 21
Birne: Pinsa mit Radicchio 41
Blätterteig (Kühlregal): Pizzataschen 55
Bresaola: Pinsa mit Fenchel und Feigen 47
Bubble-up-Pizza 32
Büffelmozzarella
  Caprese-Pinsa-Häppchen 52
  Pinsa Diavolo 16
  Spinat-Pinsa mit Gorgonzola 13

C

Caprese-Pinsa-Häppchen 52
Champignons
  Pinsa mit Edamamecreme 36
  Pizza bianca mit Salsiccia 22
  Pizza Quattro Stagioni 15
Cheddar: Pizza Mexiko 18
Coleslaw-Pinsa-Taschen 57

E/F

Edamamekerne: Pinsa mit Edamamecreme 36
Edelpilzkäse: Pinsa mit Radicchio 41
Erbsen
  Grüne Gemüsepizza 39
  Pinsa mit Edamamecreme 36
Feigen: Pinsa mit Fenchel und Feigen 47
Fenchel: Pinsa mit Fenchel und Feigen 47

G/H

Gorgornzola
  Kürbis-Pizza mit Speck 42
  Pinsa Quattro Formaggi 8
Granatapfelkerne: Orientalische Pinsa 28
Grüne Gemüsepizza 39
Hackfleisch: Pizza Mexiko 18
Hummus: Orientalische Pinsa 28

K

Kapern
  Lachs-Spargel-Pizza 48
  Pinsa-Häppchen mit Thunfischcreme 58
  Pizzataschen 55
Kirschtomaten
  Bubble-up-Pizza 32
  Pinsa mit Grillgemüse 30
  Pinsa Romana mit Parma 21
Kürbis-Pizza mit Speck 42

L/M

Lachs-Spargel-Pizza 48
Meeresfrüchte: Pinsa Frutti di Mare 24
Mini-Calzone mit Antipasti 54
Mozzarella
  Artischocken-Paprika-Pinsa 10
  Bubble-up-Pizza 32
  Lachs-Spargel-Pizza 48
  Pinsa mit Fenchel und Feigen 47
  Pinsa mit Grillgemüse 30
  Pinsa mit Radicchio 41
  Pinsa Quattro Formaggi 8
  Pinsa Romana mit Parma 21
  Pizza bianca mit Salsiccia 22
  Pizza Quattro Stagioni 15
  Pizzataschen 55

O

Oliven
  Pinsa Diavolo 16
  Pizza Quattro Stagioni 15
  Pizzataschen 55
Orientalische Pinsa 28

P

Paprika
  Artischocken-Paprika-Pinsa 10
  Pinsa mit Grillgemüse 30

Pizza Quattro Stagioni 15
Parmaschinken: Pinsa Romana mit Parma 21
Parmesan
Bubble-up-Pizza 32
Lachs-Spargel-Pizza 48
Mini-Calzone mit Antipasti 54
Pizza bianca mit Salsiccia 22
Pastrami: Coleslaw-Pinsa-Taschen 57
Pecorino: Pinsa Quattro Formaggi 8
Pinsa Diavolo 16
Pinsa Frutti di Mare 24
Pinsa mit Edamamecreme 36
Pinsa mit Fenchel und Feigen 47
Pinsa mit Grillgemüse 30
Pinsa mit Radicchio 41
Pinsa Quattro Formaggi 8
Pinsa Romana mit Parma 21
Pinsa-Häppchen mit Thunfischcreme 58
Pizza bianca mit Salsiccia 22
Pizza Mexiko 18
Pizza Quattro Stagioni 15
Pizzataschen 55
Pizzateig (Kühlregal): Mini-Calzone mit Antipasti 54

R

Radicchio: Pinsa mit Radicchio 41
Räucherspeck: Kürbis-Pizza mit Speck 42
Räuchertofu: Pinsa mit Edamamecreme 36
Ricotta
Mini-Calzone mit Antipasti 54
Pinsa Quattro Formaggi 8
Pizza bianca mit Salsiccia 22
Rote-Bete-Pinsa mit Ziegenkäse 35
Rucola
Grüne Gemüsepizza 39
Pinsa Romana mit Parma 21

S

Salami
Pinsa Diavolo 16
Pizza Quattro Stagioni 15
Salsiccia: Pizza bianca mit Salsiccia 22
Sardellenfilets: Artischocken-Paprika-Pinsa 10
Sauerkraut-Pinsa mit Bacon 45
Schinken: Pizza Quattro Stagioni 15
Spargel
Grüne Gemüsepizza 39
Lachs-Spargel-Pizza 48
Spinat-Pinsa mit Gorgonzola 13
Spitzkohl: Coleslaw-Pinsa-Taschen 57
Steinpilze, getrocknete: Pizza bianca mit Salsiccia 22

T

Thunfisch: Pinsa-Häppchen mit Thunfischcreme 58
Tomaten
Bubble-up-Pizza 32
Caprese-Pinsa-Häppchen 52
Kürbis-Pizza mit Speck 42
Lachs-Spargel-Pizza 48
Pinsa Diavolo 16
Pinsa Frutti di Mare 24
Pizza Mexiko 18
Pizza Quattro Stagioni 15
Pizzataschen 55

W

Walnusskerne
Pinsa mit Radicchio 41
Spinat-Pinsa mit Gorgonzola 13

Z

Ziegenfrischkäse: Rote-Bete-Pinsa mit Ziegenkäse 35
Zucchini
Grüne Gemüsepizza 39
Pinsa mit Grillgemüse 30
Pizzataschen 55

Abkürzungsverzeichnis:
E = Eiweiß
EL = Esslöffel (gestrichen)
F = Fett
kcal = Kilokalorien
KH = Kohlenhydrate
Msp. = Messerspitze
Pck. = Päckchen
TK = Tiefkühl
TL = Teelöffel (gestrichen)
Ø = Durchmesser

LIEBE LESERINNEN UND LESER,

wir wollen Ihnen mit diesem Buch Informationen und Anregungen geben, um Ihnen das Leben zu erleichtern oder Sie zu inspirieren, Neues auszuprobieren. Wir achten bei der Erstellung unserer Bücher auf Aktualität und stellen höchste Ansprüche an Inhalt und Gestaltung. Alle Anleitungen und Rezepte werden von unseren Autoren, jeweils Experten auf ihren Gebieten, gewissenhaft erstellt und von unseren Redakteur*innen mit größter Sorgfalt ausgewählt und geprüft.

Haben wir Ihre Erwartungen erfüllt? Sind Sie mit diesem Buch und seinen Inhalten zufrieden? Wir freuen uns auf Ihre Rückmeldung. Und wir freuen uns, wenn Sie diesen Titel weiterempfehlen, in Ihrem Freundeskreis oder bei Ihrem Online-Kauf.

Sollten wir Ihre Erwartungen so gar nicht erfüllt haben, tauschen wir Ihnen Ihr Buch jederzeit gegen ein gleichwertiges zum gleichen oder ähnlichen Thema um.

KONTAKT ZUM LESERSERVICE

GRÄFE UND UNZER VERLAG
Grillparzerstraße 12
81675 München
www.gu.de

IMPRESSUM

GU ist eine eingetragene Marke der GRÄFE UND UNZER VERLAG GmbH, www.gu.de

ISBN 978-3-8338-9020-8
2. Auflage 2024

Projektleitung: Nathalie Künzl
Lektorat: Katharina Lisson
Korrektorat: Adriane Andreas
Gesamtgestaltung: ki36 Editorial Design, Sabine Krohberger, München
Herstellung: Renate Hutt
Satz: Eberl & Koesel Studio GmbH
Reproduktion: medienprinzen GmbH
Druck + Bindung: Firmengruppe APPL, aprinta druck, Wemding
Printed in Germany

Bildnachweis:
Julia Hoersch: S. 06-59 und StepFotos auf den Klappen
Michael Kremer Fotodesign: S. 04 Autorinnenfoto
Coco Lang: S. 01, 05 und Stilleben auf den Klappen
StockFood (Magdalena Hendey Gough): Cover

Umwelthinweis:
Nachhaltigkeit ist uns sehr wichtig. Der Rohstoff Papier ist in der Buchproduktion hierfür von entscheidender Bedeutung. Daher ist dieses Buch auf PEFC-zertifiziertem Papier gedruckt. PEFC garantiert, dass ökologische, soziale und ökonomische Aspekte in der Verarbeitungskette unabhängig überwacht werden und lückenlos nachvollziehbar sind.

Syndication:
www.imageprofessionals.com

Die GU-Homepage finden Sie unter www.gu.de

GRÄFE UND UNZER
Ein Unternehmen der
GANSKE VERLAGSGRUPPE

Die Autorin

Martina Kittler

ist Oecotrophologin, Sportwissenschaftlerin und Autorin zahlreicher Kochbücher in München. Sie versteht es, Genuss und gesunde Ernährung in alltagstaugliche und unkomplizierte Rezepte zu packen.

Die Fotografin

Julia Hoersch

ist eine vielfach ausgezeichnete Fotografin, die seit vielen Jahren in Hamburg für zahlreiche renommierte Magazine, Agenturen und Buchverlage arbeitet.